4 avril 1911

P99 N

VENTE
Du Mardi 4 Avril 1911
HOTEL DROUOT, SALLE N° 10
et du Mercredi 5 Avril 1911
SALLE N° 7

FAIENCES & PORCELAINES ANCIENNES

FAIENCES DE DELFT

Anciennes Porcelaines

DE LA CHINE ET DU JAPON

OBJETS D'ART CHINOIS

TAPISSERIES DES XVIe ET XVIIe SIÈCLES

COMMISSAIRE-PRISEUR
Me F. LAIR-DUBREUIL

EXPERTS
MM. PAULME & B. LASQUIN Fils

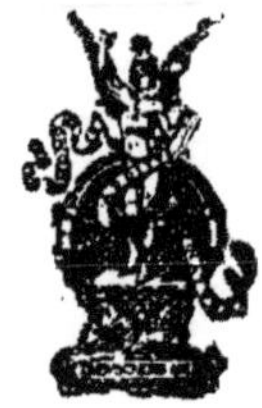

CATALOGUE

DES

Faïences Anciennes

DE MARSEILLE, MOUSTIERS, NEVERS, ROUEN, STRASBOURG

ITALIENNES, PERSANES ET HISPANO-MAURESQUES

FAIENCES DE DELFT

PAIRE DE VASES A DÉCOR POLYCHROME ET DORÉ DANS LE GOUT JAPONAIS

Cornet en polychrome, décor dit Cachemire

PORCELAINES ALLEMANDES ET FRANÇAISES

DE BERLIN, HOECHST, LOCRÉ, PARIS, SAXE, SÈVRES, VIENNE, ETC.

BISCUITS, PENDULE

PORCELAINES ANCIENNES

DE LA CHINE ET DU JAPON

Terres cuites, Matières dures, Émaux de la Chine

AQUARELLES JAPONAISES

TAPISSERIES DES XVIe & XVIIe SIÈCLES

DONT LA VENTE AUX ENCHÈRES PUBLIQUES AURA LIEU

HOTEL DROUOT, SALLE N° 10

LE MARDI 4 AVRIL 1911

ET SALLE N° 7 LE MERCREDI 5 AVRIL 1911

A DEUX HEURES

Me F. LAIR-DUBREUIL
COMMISSAIRE-PRISEUR
6, rue Favart

MM. PAULME & B. LASQUIN Fils
EXPERTS
10, r. Chauchat - 11, r. Grange-Batelière

EXPOSITION PUBLIQUE SALLE N° 10

Les Dimanche 2 et Lundi 3 Avril 1911, de 1 h. 1/2 à 6 heures

CONDITIONS DE LA VENTE

Elle sera faite au comptant.

Les adjudicataires paieront *dix pour cent* en sus des enchères.

L'exposition mettant le public à même de se rendre compte de l'état et de la nature des objets, aucune réclamation ne sera admise une fois l'adjudication prononcée.

Paris. — Imp. de l'Art, Ch. Berger, 41, rue de la Victoire

DÉSIGNATION

FAIENCES FRANÇAISES

MARSEILLE, MOUSTIERS, NEVERS, ROUEN STRASBOURG

1 — Magot accroupi en ancienne faïence de Lorraine émaillée blanc.

2 — Vase sur piédouche en ancienne faïence, anses, mascarons; décor bleu : le Christ et la Samaritaine.

(Vente Somzée.)

3 — Trois tasses et leur soucoupe en ancienne faïence de Strasbourg, décor aux coqs, en couleurs.

4 — Trois saladiers en ancienne faïence française, dont un de Rouen, décor polychrome.

5 — Grand plat ovale en ancienne faïence de Rouen, décor polychrome : bouquet de fleurs.

6 — Grande bannette et une assiette en faïence, genre Rouen, décor polychrome : fruits, fleurs, insectes et oiseaux.

7 — Jardinière, de forme ovale et contournée à anse, en ancienne faïence, décorée en bleu.

8 — Soupière ronde avec son couvercle et un plateau en ancienne faïence de Strasbourg, décor de fleurs en couleurs.

9 — Deux encriers et deux tasses à anse en ancienne faïence de Rouen et Midi.

10 — Jardinière-porte-fleurs, de forme demi-lune, en ancienne faïence de Sceaux, décorée en dorure.

11 — Quatre assiettes en ancienne faïence de Rouen, décor de fleurs en couleurs.

12 — Plat ovale à bord contourné en ancienne faïence de Marseille, décor bouquets de fleurs en couleurs, bordure à hachures en rouge.

13 — Deux assiettes à bord contourné ou ondulé, de grandeur variée, en ancienne faïence de Marseille, décor aux Chinois, polychrome.

14 — Deux assiettes à bord contourné en ancienne faïence de Marseille, décor bouquets de fleurs en couleurs.

15 — Deux assiettes en ancienne faïence de Nevers, décor fleurs et feuillages en blanc fixe, filets ocre, sur fond bleu Raymond.

16 — Très grand plat rond à ombilic en ancienne faïence de Nevers, décor de scènes à personnages chinois, en bleu et manganèse.

17 — Potiche et son couvercle en ancienne faïence de Nevers, décor chinois en deux couleurs.

18 — Plat creux rond en ancienne faïence de Nevers, décor bleu : vase de fleurs et bordure.

19 — Assiette à bord mouvementé en ancienne faïence de Rouen, décor polychrome : rocher, arbuste, fleurs, oiseaux et dragon.

20 — Assiette à bord contourné en ancienne faïence de Rouen, décor polychrome : deux oiseaux sur branche de fleurs.

21 — Assiette à bord contourné en ancienne faïence de Rouen, décor à la corne, en couleurs.

22 — Assiette à bord contourné en ancienne faïence de Rouen, décor polychrome à la pagode et femme au parasol.

23 — Plat long à bord mouvementé en ancienne faïence de Rouen, décor à la corne tronquée et insectes en couleurs.

24 — Bannette à deux anses en ancienne faïence de Rouen, décor en couleurs au carquois au centre, et lambrequins au marli.

25 — Deux petites bouteilles, cols à renflement, en ancienne faïence de Rouen, décor de lambrequins, fleurs, polychrome.

26 — Saucière à deux anses en ancienne faïence de Rouen, décor polychrome à la corne.

27 — Cruche à panse sphérique en ancienne faïence de Rouen, décor polychrome : lambrequins et figure de Saint Pierre. Inscription : *Pietrus Laminoy, 1736*. Couvercle en étain.

28 — Pichet en ancienne faïence de Rouen, décor à la pagode en couleurs.

29 — Petite soupière couverte à deux anses et piédouche en ancienne faïence de Nevers, décor chinois en bleu et un porte-fleurs forme éventail en ancienne faïence, décor en couleurs.

30 — Plat ovale, à bord contourné, en ancienne faïence de Rouen, décor polychrome à la double corne.

31 — Fontaine en ancienne faïence émaillée en couleurs, formée d'une statuette de buveur en blouse bleue et pantalon jaune à rayures, assis sur un tonneau sur lequel on lit l'inscription : *Calvados Trempu, à Perriers (Manche)*. Base carrée avec pommes en relief.

32 — Paire de porte-huiliers en ancienne faïence de Moustiers, à décor de fleurettes en couleurs.

33 — Pot à tabac couvert et une gargoulette en ancienne faïence de Moustiers.

34 — Important plat en ancienne faïence de Moustiers, décoré en bleu, d'après Bérain, au centre d'un portique sur lequel est un groupe : Vénus et amour, marli à large lambrequin à rinceau, vases de fleurs, têtes d'ange et dauphin ; bord festonné.

Grand diam., 60 cent.

FAIENCES ITALIENNES

DE RHODES ET HISPANO-MAURESQUES

35 — Bénitier en ancienne faïence italienne, décor en couleur.

36 — Plateau sur piédouche en ancienne faïence italienne, décor Christ en croix et arabesques, en couleurs.

37 — Plateau circulaire, avec trois coquetiers adhérents, en ancienne faïence italienne, décor polychrome.

38 — Deux vases cylindriques, à étranglement médiant en ancienne faïence italienne, décor bleu : cavalier et amours.

39 — Trois vases en ancienne faïence italienne, décor polychrome : armoiries.

40 — Paire de pots en ancienne faïence italienne, décor polychrome : armoiries.

41 — Plateau circulaire sur piédouche en ancienne faïence d'Urbino, avec sujet en couleurs : le Serpent d'airain.

42 — Gargoulette de pharmacie en ancienne faïence d'Urbino, décor en couleurs : amour, dans un paysage, et banderole à inscription.

43 — Paire de buires en ancienne faïence d'Italie ou de Nevers, à décor de paysages en couleur.

44 — Coupe ronde à piédouche, et godronnée en ancienne faïence italienne, décorée en couleur d'un paysage maritime avec pêcheurs.

45 — Deux petites coupes rondes à bord festonné et petit pot à anse en ancienne faïence d'Urbino et Faenza, décors polychromes.

46 — Paire de pots de pharmacie et une gargoulette en ancienne faïence italienne, décor en couleur : trophée militaire et cartouche.

47 — Paire de gargoulettes en ancienne faïence italienne, décor à fruits et fleurs en bleu et armoiries en couleurs.

48 — Coupe ronde et plate à piédouche en ancienne faïence italienne, décoré en camaïeu violacé et couleur de paysage, avec figure et armoiries au centre.

49 — Coupe de forme ronde à piédouche, et godronnée en ancienne faïence de Faenza, décor rayonnant de feuillages sur fond jaune, bleu et vert, avec amour dans un paysage au centre.

50 — Plat creux et rond en ancienne faïence de Rhodes, décor de branches d'œillets fleuris, marli fond brun.

51 — Plat creux rond en ancienne faïence de Rhodes, décor de branches d'œillets fleuris, marli fond bleu. (Belle qualité.)

52 — Plat creux à ombilic en ancienne faïence hispano-mauresque à reflets métalliques, décor de feuillages et oiseaux et de quatre fleurs en bleu.

53 — Plat en ancienne faïence hispano-mauresque, à décor de dents de loup.

54 — Plat en ancienne faïence hispano-mauresque à ombilic, décor de palmes, fond quadrillé et fleurs.

55 — Plat à ombilic, en ancienne faïence hispano-mauresque, décoré de godrons obliques et d'une inscription stylisée. Décor à reflets métalliques rehaussé de bleu.

FAIENCES DE DELFT

56 — Plat rond et un moutardier en ancienne faïence de Delft, décor de fleurs en bleu.

57 — Assiette bord contourné en ancienne faïence de Delft, décor polychrome, au centre, une figure de saint Jean, avec l'inscription : *Jean Verdois, 1751*. Arabesques au marli.

58 — Assiette creuse en ancienne faïence de Delft, décor polychrome dit aux cœurs. Marque.

59 — Assiette en ancienne faïence de Delft, décor en couleurs : vases fleuris, oiseaux, quatre réserves à fleurs au marli; fond marron.

60 — Deux plats en ancienne faïence de Delft, décor bleu : vases fleuris et fougères.

61 — Grand plat en ancienne faïence de Delft, décor polychrome semé de fleurs, rosace au centre et lambrequins au marli.

62 — Grand plat en faïence de Delft, décor polychrome : perroquet perché. Marli quadrillé à six réserves.

63 — Grand plat rond en ancienne faïence de Delft, décoré au centre d'une figure de femme tenant une corne d'abondance, quatre réserves et fleurs au marli, en couleurs.

64 — Grand plat rond en ancienne faïence de Delft, décor polychrome : vase fleuri au centre, et six réserves branches de fleurs au marli.

65 — Plat en ancienne faïence de Delft, décor au centre : vase fleuri et oiseau ; au marli, quatre réserves, en couleurs, fond marron clair.

66 — Plat creux en ancienne faïence de Delft, décor polychrome : vases fleuris, fruits et oiseaux.

67 — Plat en ancienne faïence de Delft, décor au centre d'une rosace et fleurs, en polychrome.

68 — Plat en ancienne faïence de Delft, décor polychrome au perroquet.

69 — Deux chats et un lion assis en ancienne faïence de Delft, décor manganèse et polychrome.

70 — Deux bols en ancienne faïence de Delft, décor stylisé en bleu.

71 — Pichet en ancienne faïence de Delft, décor polychrome : médaillons, charron, réservé sur fond manganèse. Couvercle en étain.

72 — Paire de petites potiches en ancienne faïence de Delft, décor : gerbe de fleurs et feuillages en bleu.

73 — Potiche couverte octogone en ancienne faïence de Delft, décor en bleu style chinois : rochers, pagode et cerf.

74 — Grande potiche octogone en ancienne faïence de Delft, décor bleu, trois réserves à personnages et palmettes à la base.

75 — Potiche octogone en ancienne faïence de Delft, décor en bleu : paniers fleuris dans des réserves.

76 — Potiche-balustre, couverte, à pans, en ancienne faïence de Delft, décor bleu de style chinois.

77 — Garniture de trois petites pièces : deux cornets et une potiche couverte, en ancienne faïence de Delft, décor bleu : marines dans des médaillons.

78 — Paire de petites potiches à côtes, à couvercles adhérents, décor : gerbes de fleurs et papillons en bleu.

79 — Garniture de cinq pièces : trois potiches couvertes et deux cornets, en ancienne faïence de Delft, décor de rocailles en relief, et marines en bleu.

80 — Garniture de trois pièces : deux potiches couvertes et une bouteille à renflement au col, en ancienne faïence de Delft, décor polychrome : arbustes, rochers, oiseaux, lambrequins et palmettes.

81 — Paire de petits plats en ancienne faïence de Delft (?), décor chinois en couleurs.

82 — Deux plats ronds en ancienne faïence de Delft, décor polychrome à réserves de fleurs.

83 — Deux assiettes en ancienne faïence de Delft, l'un à décor polychrome dit au tonnerre, l'autre en bleu à réserves de fleurs.

84 — Paire de petites assiettes en ancienne faïence de Delft, décor polychrome, décorées de vases à fleurs avec feuilles de fougères, marli à lambrequin fond bleu et jaune.

85 — Jardinière de forme carrée et évasée à bord festonné et deux anses mascaron à tête d'homme en ancienne faïence de Delft (?), décorée de lambrequins et feuillages en couleurs.

86 — Cornet évasé octogone avec son couvercle en ancienne faïence de Delft, décor chinois polychrome, médaillons avec arbustes et gerbes de fleurs, attributs symboliques, séparés par des bandes à fond jaune. Le bouton du couvercle fait d'un lion.

Haut., 36 cent. 1/2.

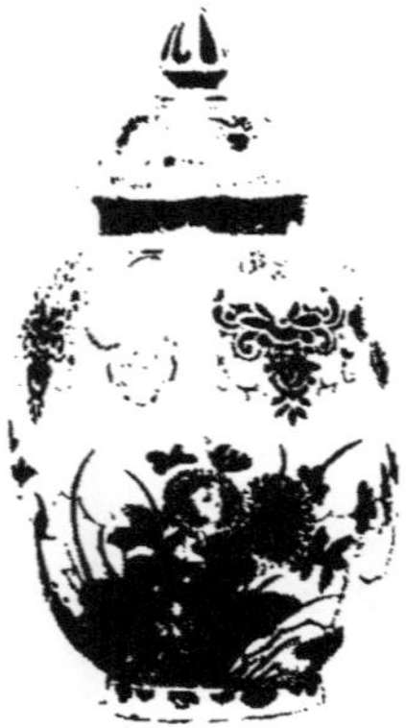

N° 88

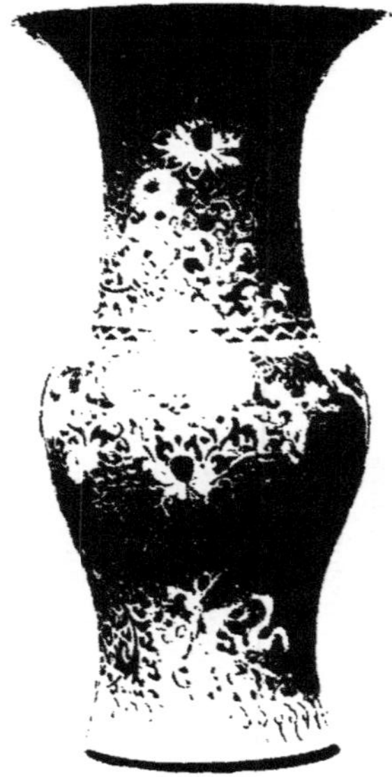

N° 265

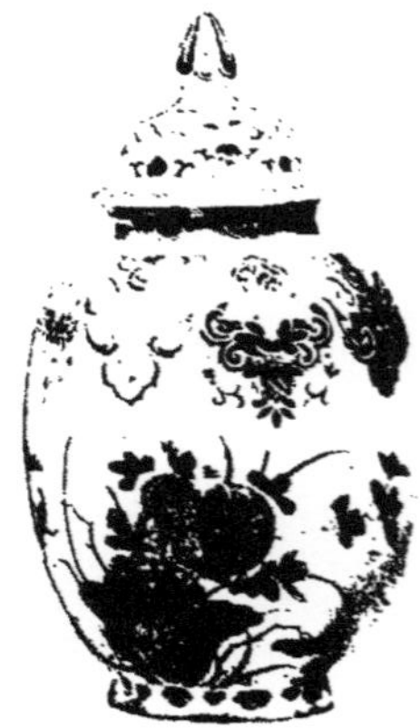

N° 88

87 — Deux groupes en ancienne faïence de Delft à décor polychrome représentant chacun un paysan ou une paysanne en train de traire une vache debout sur un terrassement. Porte la marque *L. P. K.*

Haut., 18 cent.

88 — Paire de vases avec couvercle, de forme octogone, en ancienne faïence de Delft, décor polychrome rehaussé d'or dans le goût japonais. Rochers, arbustes en fleurs, oiseaux. Bordure au col et lambrequins à l'épaulement.

Haut., 30 cent. 1/2.

PORCELAINES

FRANÇAISES ET ALLEMANDES

BISCUITS, PENDULE

LOCRÉ, PARIS, SÈVRES, BERLIN, HŒCHST, SAXE, VIENNE

89 — Partie de service et porcelaine blanche à filets d'or, comprenant quatre-vingt douze assiettes, six compotiers, une corbeille à vannerie, ajourée et deux sucriers à poudre.

90 — Grande soupière ovale avec son couvercle et plateau en ancienne porcelaine de Paris, décor barbeau.

91 — Sucrier couvert en ancienne porcelaine de Paris, décorée de dorure et un pot à crème en porcelaine, décor genre Saxe, réserve de branches fleuries en couleur et or sur fond vert olive.

92 — Pot à lait en ancienne porcelaine de Locré, décor, en trompe-l'œil, de petits paysages en camaïeu rose, se détachant sur fond imitant le bois. Marque.

93 — Quatre assiettes en ancienne porcelaine tendre de Sèvres, à décor de petits bouquets de fleurs et filets bleus.

94 — Grande tasse droite avec sa soucoupe en ancienne porcelaine tendre de Sèvres, décorée d'une réserve : amour sur des nuages, encadrement et bordures à rinceaux, feuillages et fleurs en dorure.

95 — Tasse droite et sa soucoupe en ancienne porcelaine tendre de Sèvres, décor de marbrures en dorure, sur fond gros bleu, et d'un médaillon en réserve : paysage maritime. Décor de *Morin, 1780.*

96 — Tasse-trembleuse à deux anses, couvercle et présentoir, en porcelaine de Berlin, décor rayonnant de réserves, paysages en camaïeu rose alternant avec des bouquets de fleurs sur fond jaune.

97 — Tasse à bec et deux anses avec sa soucoupe en ancienne porcelaine de Saxe, décorée de réserves à sujets chinois sur fond jaune.

97 *bis* — Petite corbeille ovale en ancienne porcelaine de Hœchst ajourée, simulant la vannerie, décorée de fleurettes et branchages en relief et couleurs, à deux anses, feuilles en camaïeu rose.

98 — Quatre assiettes en ancienne porcelaine de Hœchst, à marli gaufré à vannerie, décor de bouquets de fleurs.

99 — Quatre assiettes en ancienne porcelaine de Vienne, décor de bouquets de fleurs.

100 — Compotier, forme feuille, à une anse formée d'une branche en ancienne porcelaine de Saxe, à décor de bouquets de fleurs.

101 — Grand plat creux et rond à bord contourné à vannerie en ancienne porcelaine de Saxe, à décor de bouquets de fleurs.

102 — Groupe : Chasseur et chasseresse, en ancienne porcelaine, décor en couleur.

103 — Groupe en ancien biscuit; deux jeunes femmes tenant des guirlandes de fleurs près d'un arbre sur terrasse. Époque Louis XVI.

104 — Groupe en ancien biscuit : Jardinier et deux jeunes femmes, cueillant des fleurs et fruits, et amours enguirlandés sur tronc d'arbre au centre du groupe.

105 — Pendule en ancien biscuit avec sujet : l'Oiseau mort. Jeune femme debout, accoudée sur une cage vide posée sur un piédestal. Époque Louis XVI.

106 — Deux groupes en ancien biscuit de Locré, à deux personnages : Sujets galants. Marqués en creux.

PORCELAINES

GRÈS, BISCUITS

DU JAPON ET DE LA CHINE

107 — Deux assiettes en ancienne porcelaine du Japon, décor de fleurs en bleu, rouge et or.

108 — Deux tasses arrondies et leur soucoupe en ancienne porcelaine de Chine à côtes ; décor intérieur : fleurs et rochers en couleurs ; extérieur jaune clair.

109 — Très grande tasse cylindrique, à anse, en ancienne porcelaine de Chine, décor en couleur de femmes dans un paysage maritime.

110 — Tasse et sa soucoupe en ancienne porcelaine de Chine, décor d'ustensiles en couleurs.

111 — Deux assiettes en porcelaine de Chine, décor de personnages sur une terrasse, marli à imbrications et petites réserves.

112 — Deux assiettes en ancienne porcelaine de Chine, décor à deux personnages près d'une pagode, marli à quadrillés et quatre réserves.

113 — Deux assiettes à bordure ondulée en ancienne porcelaine de Chine, décor en rouge et or, fleurs stylisées.

114 — Plat à bord ondulé en ancienne porcelaine de Chine, décor dit à l'estacade, avec personnages, en rouge et or.

115 — Paire de porte-bouquet-appliques en ancienne porcelaine de Chine, formé de vases accolés de deux enfants décor fleurs en couleurs.

116 — Deux figurines de divinités chinoises, debout, en ancien grès émaillé.

117 — Plat creux en ancienne porcelaine de Chine, décor de dragons dans les flammes, en vert, sur fond jaune. Époque Kang-hi.

118 — Plat creux en ancienne porcelaine de Chine, décor arbres fleuris en couleurs et rehaut de dorure, bordure à dentelle rouge et or.

119 — Cache-pot-jardinière en ancienne porcelaine de Chine, décor en couleur, au pourtour : divinités; bordure à quadrillés.

120 — Assiette creuse en ancienne porcelaine de Chine, décor en couleurs et dorure d'un sujet familial, et petits médaillons en camaïeu rose.

121 — Service à thé en ancienne porcelaine de Chine, comprenant une théière couverte, six tasses et leur soucoupe, décor en couleurs de personnages dans des paysages.

122 — Service à thé en ancienne porcelaine de Chine, comprenant une théière couverte, un sucrier couvert, six tasses et leur soucoupe, décor en couleur de fleurs et fruits dans des réserves; fond capucin.

123 — Service à thé en ancienne porcelaine de Chine, comprenant une théière couverte, un pot à eau couvert, un pot à lait couvert, et six tasses et leur soucoupe, décor bouquets de fleurs, et bordure à arabesques et quadrillés en couleurs avec rehaut de dorure. Chainette et petite garniture argent.

124 — Trois assiettes en ancienne porcelaine, deux de la Compagnie des Indes et une de Chine famille verte, à décor de fleurs en émaux de couleurs.

125 — Assiette en ancienne porcelaine de la Compagnie des Indes, décorée en couleur d'un écusson au centre; au marli, réserves de fleurs sur fond de rinceaux en dorure.

126 — Treize assiettes en ancienne porcelaine de la Compagnie des Indes, décorées en émaux de couleurs de personnages dans un paysage et de festons de fleurs au marli.

127 — Grand plat rond en ancienne porcelaine de Chine, décoré de fleurs en émaux de couleurs, large lambrequin au marli, à fond bleu et rinceaux en dorure, et une assiette, décor de fleurs, famille rose.

128 — Service à thé en ancienne porcelaine de la Compagnie des Indes, comprenant une théière, un pot à thé, un crémier, deux tasses et soucoupes et deux coupes, décor en camaïeu gris et dorure : personnages européens et fleurs.

129 — Bassin de forme ovale et quadrilobée en ancienne porcelaine de Chine, décoré en émaux de couleurs de personnages et coqs, sur les bords, de coquillages et ornements divers, il repose sur quatre pieds coquille. Époque Kien-lung.

130 — Paire de plats ronds en ancienne porcelaine de Chine, décorés en émaux de couleurs de la famille rose, de pivoines et rouleau déplié ; marli à large lambrequin, fond vermicellé brun et vert d'eau, avec réserves de fleurs. Époque Kien-lung.

131 — Plat rond en ancienne porcelaine de Chine, décoré en émaux de couleurs de la famille rose, au centre, de branches de fleurs ; au marli d'un large lambrequin fond vermicellé chargé de fleurs. Époque Kien-lung.

132 — Plat creux à bord festonné en ancienne porcelaine du Japon, décor de feuillages et fleurs en bleu, rouge et or.

133 — Plat rond en ancienne porcelaine de Chine, décoré en émaux de couleurs et dorure, au centre, d'une table avec vases de fleurs et ustensiles di-

vers, entouré d'une bande à carrelages, fond vert d'eau; cartouche et branches de fleurs au marli. Époque Yung-tching.

134 — Pot cylindrique en ancienne porcelaine de Chine, décoré de réserves de fleurs en émaux de couleurs de la famille rose, sur fond capucin clair. Époque Kien-lung.

135 — Six assiettes en ancienne porcelaine de Chine, décorées en émaux de couleurs de la famille rose, de pieds de pivoines, en fleurs avec oiseaux; marli à riche lambrequin chargé de fleurs et grecques à fond vert d'eau. Époque Kien-lung.

136 — Cinq assiettes en ancienne porcelaine de Chine, décors différents en émaux de couleurs de la famille rose; pieds de pivoines en fleurs, avec coqs, paons, personnages; marli à lambrequins, fonds cailloutés brun, vert et rose, chargés de fleurs.

137 — Petit plat creux et rond à ombilic en ancienne porcelaine de Chine, décoré en émaux de couleurs de cinq réserves de fleurs, insectes et perdrix sur fond vert d'eau caillouté et rehaût d'or, et un bol décoré de personnages et fleurs. Époque Kien-lung.

138 — Paire de compotiers ronds en ancienne porcelaine mince de Chine, décorés en émaux de couleurs de paysages avec figures de savants assis au pied de rochers. Époque Yung-tching.

139 — Paire de bols avec leurs présentoirs en ancienne porcelaine de Chine, décorés en émaux de couleurs de la famille verte, de fleurs sur fond blanc gaufré, à l'intérieur; et fond café au lait à l'extérieur. Époque Khang-hy.

140 — Petit plat rond en ancienne porcelaine de Chine, décoré en émaux de couleurs, au centre, d'un portique de verdure, de fleurs et de six personnages; marli à fond vert à carrelages orné de douze réserves de fleurs, fruits et insectes. Époque Yung-tching.

141 — Grand bol à dix faces et deux compotiers octogonaux et bords plats en ancienne porcelaine de Chine, décor coréen : poissons, bambou et chiens de Fô.

142 — Paire de vases, de forme hexagonale à anse, en ancienne porcelaine de Chine, décorés en dorure sur fond gros bleu. Époque Kien-lung.

143 — Grande cuvette de bidet formant jardinière en ancienne porcelaine de Chine, décorée en émaux de couleurs de la famille rose de pivoines, bord à large lambrequin, fond vermicellé brun chargé de fleurs. Époque Kien-lung.

144 — Coupe couverte en forme de fruit avec son présentoir en ancienne porcelaine de Chine, décorée en émaux de couleurs de fleurs et fruits. Epoque Kien-lung.

145 — Tabouret en ancienne porcelaine de Chine de forme hexagonale à côtés ajourés, décor en émaux de couleurs: ustensiles, fleurs et lambrequin fond bleu. Époque Kien-lung.

146 — Paire de grands pots ovoïdes avec couvercles en ancienne porcelaine de Chine, décor en émaux de couleurs : paysage avec pagodes et nombreux personnages. Époque Kien-lung.

147 — Paire de pots cylindriques avec leurs couvercles en ancienne porcelaine de Chine, décorés de réserves de fleurs en émaux de couleurs de la famille rose sur fond capucin. Époque Kien-lung.

148 — Paire de grosses bouteilles en ancienne porlaine de Chine bleu poudré. Époque Kien-lung.

149 — Petit vase-rouleau et une bouteille avec renflement au col, décorés en bleu : paysages animés de personnages.

150 — Cinq assiettes, deux compotiers ronds, décor de paysages avec personnages, et trois plats creux à fleurs en ancienne porcelaine du Japon, décor bleu.

151 — Quinze assiettes en ancienne porcelaine du Japon, décors variés en bleu.

152 — Dix-sept assiettes et quatre plats creux en ancienne porcelaine du Japon, décor bleu : grands arbres, fleurs et bordure, fond à losange à fleurons avec réserves.

153 — Seize assiettes creuses en ancienne porcelaine du Japon, décor bleu : fleurs et nœuds de rubans et rochers. Deux modèles.

154 — Vingt-six assiettes plates et quatre creuses en ancienne porcelaine de la Compagnie des Indes ou Japon, décor bleu : bouquet de fleurs au centre et petit rinceau de feuillages avec huit fleurs au marli.

155 — Vingt-cinq assiettes, dont deux creuses, en ancienne porcelaine de la Compagnie des Indes ou du Japon, décor bleu : fleurs et bordure fond à losange en caillouté et fleurons. Quatre modèles différents.

156 — Partie de service en ancienne porcelaine de la Compagnie des Indes, décorée en bleu de paysages maritimes. Il comprend : une soupière couverte, trois plats rectangulaires à angles coupés, deux compotiers ronds, huit assiettes plates et huit creuses à bords contournés.

157 — Deux plats et un couvercle de soupière et trois salières de forme rectangulaire, quatre plats ovales de forme contournée en ancienne porcelaine de la Compagnie des Indes, décor de fleurs en bleu.

158 — Sucrier couvert en ancienne porcelaine de Chine, décor de réserves en bleu sur fond capucin.

159 — Soupière de forme rectangulaire à angles coupés, à deux anses têtes d'animaux, en ancienne porcelaine de la Compagnie des Indes, décor de fleurs en couleurs.

160 — Deux grandes tasses à anses, un bol couvert, avec leur soucoupe, et une petite coupe sur pied élevé en ancienne porcelaine du Japon, décor bleu, rouge et or.

161 — Théière couverte et deux bols en porcelaine de Chine, décorés en émaux de couleurs, dont un sur fond jaune. Époques Khang-hy, Kien-lung et Taou-Kouan.

162 — Petit sucrier en ancienne porcelaine de Chine, décoré de réserves de fleurs en émaux de couleurs sur fond capucin. Époque Kien-lung.

163 — Deux petites coupes en ancienne porcelaine de la Compagnie des Indes, décor de fleurs, personnages en émaux de couleurs et rehauts d'or.

164 — Théière couverte et une tasse avec sa soucoupe en ancienne porcelaine de la Compagnie des Indes, décor de corbeille de fleurs en réserves sur fond rouge et rinceaux de dorure.

165 — Partie de service à thé en ancienne porcelaine de la Compagnie des Indes, décorée de fleurs en couleurs, bordure à branches de roseaux en dorure ; comprend sept tasses et soucoupes, une théière et un sucrier couvert.

166 — Pot à crème en ancienne porcelaine de la Compagnie des Indes, pouvant compléter le numéro précédent, décor de fleurs en couleurs.

167 — Six assiettes creuses en ancienne porcelaine de la Compagnie des Indes, décorées en couleurs de bouquets de fleurs, bord avec filets dentelés en dorure.

168 — Quatre assiettes plates en ancienne porcelaine de la Compagnie des Indes, décorées de corbeilles et festons de fleurs en couleurs. bordure à rinceaux en dorure sur fond brun.

169 — Douze assiettes, dont dix creuses, en ancienne porcelaine de la Compagnie des Indes, décorées en émaux de couleurs : fleurs et paons.

170 — Six assiettes plates en ancienne porcelaine de la Compagnie des Indes, décor de fleurettes en couleurs, marli à rinceaux et lambrequin en camaïeu rose.

171 — Vase-cornet forme balustre en ancienne porcelaine de Chine, décor en émaux de couleurs de personnages sur des nuages simulés en gravure. Époque Kien-lung.

172 — Deux petites théières en ancienne porcelaine de Chine, décorées en émaux de couleurs des familles verte et rose.

173 — Deux encriers de forme cylindrique avec couvercle en ancienne porcelaine de Chine, décorés en bleu de feuillages et fleurs de chrysanthèmes et d'un paysage avec figures.

174 — Deux pots à eau de grandeur différente de forme sphérique en porcelaine, décorés l'un en émaux de couleurs, de grenouilles, l'autre en bleu sur blanc, d'arbustes et insectes.

175 — Encrier de forme sphérique et aplatie en ancienne porcelaine de Chine, décor de paysage avec pagode en bleu.

176 — Six flacons à tabac en ancienne porcelaine de Chine, décor en bleu, dont quatre avec bouchons. Époque Kien-lung.

177 — Bol en ancienne porcelaine de Chine, décor bleu ; branche de pivoine. Époque Ming. Socle en bois de fer ajouré.

178 — Bol en ancienne porcelaine de Chine, décoré en trois couleurs de poissons dans les flots. Époque Khang-hy. Socle en bois de fer semblable au précédent.

179 — Plat cylindrique couvert en ancienne porcelaine de Chine, décorée de paysage maritime en bleu. Époque Khang-hy. Socle en bois de fer.

180 — Vase de forme ovoïde à col rétréci en ancienne porcelaine de Chine, décor en bleu : pivoines, faisans et oiseaux divers. Époque Ming. Socle et couvercle en bois de fer ajouré.

181 — Plat à gingembre de forme ovoïde et godronée en ancienne porcelaine de Chine, décoré de disques et bandes circulaires, de fleurs en bleu sur blanc. Époque Khang-hy. Socle et couvercle en bois de fer ajouré.

182 — Vase-cache-pot en ancienne porcelaine de Chine, décor bleu en réserves, chimères sur les flots. Époque Khang-hy. Socle et couvercle en bois de fer ajouré.

183 — Grande potiche avec couvercle assorti en ancienne porcelaine de Chine, décorée en bleu de pivoines et chinoises. Époque Ming. Socle en bois de fer.

184 — Paire de potiches en ancienne porcelaine de Chine, décorées en bleu de paysages avec nombreux enfants jouant sous des grands arbres, emblèmes symboliques aux cols. Époque Khang-hy. Marqué à la feuille. Un couvercle bois de fer et un en porcelaine.

185 — Vase-cornet de forme balustre en porcelaine de Chine, décoré en émaux de couleurs de la famille verte : femmes, enfants et fleurs. Époque Khang-hy.

186 — Bol en ancienne porcelaine de Chine, décoré en émaux de couleur de réserves de pivoine sur fond vermicellé et bordure fond rose à losanges et fleurons. Époque Kien-lung.

187 — Paire de grands vases-cornets en ancienne porcelaine de Chine, richement décorés en couleurs de paysage avec personnages, fleurs et rochers. Époque Ming. Monture en bronze doré.

188 — Vase de forme turbinée en ancienne porcelaine de Chine, à petite ouverture, décor en émaux de couleurs sur la panse de rinceaux de feuillages et chrysanthèmes rouges, à la base de grandes palmes, et à l'épaulement de lambrequins fond jaune. Époque Ming. Socle en bois de fer ajouré.

189 — Potiche en ancienne porcelaine de Chine, décor bleu : école avec enfants, et emblème symbolique au col. Époque Khang-hy. Socle et couvercle en bois de fer.

190 — Potiche couverte en ancienne porcelaine de Chine, décorée de grands feuillages en bleu. Époque Ming. Socle en bois de fer.

191 — Potiche en ancienne porcelaine de Chine, décorée en bleu de paysage et emblèmes symboliques. Époque Khang-hy. Socle et couvercle en bois de fer.

192 — Potiche en ancienne porcelaine de Chine, décorée en bleu de paysage avec pins, rochers et oiseaux divers, lambrequin au col. Époque Khang-hy. Socle et couvercle en bois de fer ajouré.

193 — Quinze pots à gingembre de formes ovoïdes en ancienne porcelaine de Chine, à décors analogues, de réserves d'ustensiles, vases, emblèmes symboliques en bleu et blanc, sur fond bleu. Marli chargé de branches de pêchers en fleurs, réservées en blanc. Époque Khang-hy. Dimensions différentes, la plupart avec socles et couvercles en bois de fer. (Sera divisé.)

194 — Vase à col évasé en ancienne porcelaine de Chine, décoré en bleu d'arbres et oiseau. Époque Kien-lung.

195 — Vase-balustre à renflement médian et anses en ancienne porcelaine de Chine, décoré d'arbustes, fleurs, oiseaux et rochers en bleu. Époque Khang-hy. Socle en bois de fer ajouré.

196 - Pot à gingembre de forme ovale en ancienne porcelaine de Chine, décorée sur fond bleu marbré, de fleurs de pêcher réservées en blanc. Époque Khang-hy. Socle et couvercle en bois de fer.

197 — Autre pot à gingembre, décor analogue au précédent. Époque Khang-hy. Socle et couvercle en bois de fer.

198 — Potiche couverte en ancienne porcelaine de Chine, décor bleu et blanc à nombreux enfants jouant, rochers et balustres à la base et emblèmes symboliques au col. Époque Khang-hy. Socle en bois de fer ajouré.

199 — Très grand plat en ancienne porcelaine de Chine, décorée en bleu sur blanc de cinq réserves à paysages, figures, arbuste et oiseaux sur fond à carrelages.

200 — Très grand vase-rouleau à long col en ancienne porcelaine de Chine, décor bleu : paysage montagneux. Époque Khang-hy.

201 — Deux chimères porte-fleurs en ancienne porcelaine de Chine émaillée sur biscuit.

202 — Vase de forme piriforme en ancienne porcelaine de Chine rouge haricot. Époque Kien-lung.

203 — Petit groupe de trois enfants et une coupe formée d'un petit soulier en ancienne porcelaine de Chine décorée en couleurs. Époque Kien-lung.

204 — Deux petites coupes, l'une avec singe et fruit, l'autre formée d'un fruit ouvert en ancienne porcelaine de Chine décorée en couleurs. Époque Kien-lung.

205 — Paire de boites cylindriques à quatre compartiments en ancienne porcelaine de Chine, décorée en émaux de couleurs. Époque Kien-lung.

206 — Paire de boites formées chacune de trois compartiments de forme cylindrique en ancienne porcelaine de Chine décorée en émaux de couleurs de fleurs et enfants sur fond rose. Époque Kien-lung.

207 — Réservoir . eau ayant la forme d'une théière sans couvercle simulant une pêche avec feuillage en relief, en ancienne porcelaine de Chine, décor en couleur. Époque Kien-lung.

208 — Paire de réservoirs à eau analogues au précédent en ancienne porcelaine de Chine émaillée vert et tachée de rouge. Époque Kien-lung.

209 — Réservoir à eau, de forme semblable aux précédents, mais avec petit orifice et couvercle, en ancienne porcelaine de Chine décorée en couleurs. Époque Kien-lung.

210 — Deux vases pitongs et un petit vase à col évasé en ancienne porcelaine de Chine décorée de fleurs en émaux de couleurs sur fonds vert d'eau et jaune. Époque Kien-lung.

211 — Paire de petites coupes, formées chacune de deux chauves-souris en ancienne porcelaine de Chine, décorée en couleurs. Époque Kien-lung.

212 — Paire de coupes libatoires sur pieds élevés, en forme de défenses d'éléphant, en ancienne porcelaine émaillée rouge corail, décoré en dorure de rinceaux et grecques. Époque Kien-lung,

213 — Statuette de déesse Kouaning, sur socle de forme octogonale à fleurs de lotus, en ancienne porcelaine émaillée en couleur, robe verte et rose. Époque Yung-tching.

214 — Bol et un grand plateau rond en ancienne porcelaine de Chine, décor bleu, époque Khang-hy, et une assiette en porcelaine décorée en émaux de couleurs. Époque Kien-lung.

215 — Perruche en ancien céladon de Chine, décor aux trois couleurs. Époque Khang-hy.

216 — Fauteuil en ancien grès émaillé vert. Époque Khang-hy.

217 — Gourde de forme sphérique aplatie en ancien grès de Chine flammée bleu turquoise et jaune.

218 — Statuette de guerrier en ancien céladon de Chine émaillée en couleurs, manteau fond noir, robe à imbrication fond rose et jaune, jupe verte. Époque Kien-lung.

219 — Statuette de bouddha, le Lohan-tchou-tan-yu, un pied sur un tigre, en ancienne porcelaine de Chine émaillée en couleurs. Époque Kien-lung.

220 — Brûle-parfum à trépied en ancien céladon de Chine gris craquelé, décoré sous couverte de rinceaux et feuillages.

221 — Paire de statuettes de dieux lares en ancien grès émaillé aux trois couleurs. Époque Khang-hy.

222 — Cinq bols de différentes grandeurs en ancienne porcelaine de Chine, décorés en émaux de couleurs, dont trois sur fond vert et un sur fond jaune. Époque Khang-hy.

223 — Deux bols couverts, dont un fond bleu; deux petites coupes et une théière en forme de chien de Fô en ancienne porcelaine de Chine, décorée en couleurs. Époques Kien-lung et Taou-Kouan.

224 — Groupe d'enfants accouplés sur terrasse avec rocher ajouré en ancien céladon de Chine, émaillé aux trois couleurs. Époque Khang-hy.

225 — Chimère brûle-parfum en ancien céladon de Chine, émaillé bleu turquoise et aubergine. Époque Khang-hy.

226 — Petit vase à panse aplatie et long col évasé en ancien céladon de Chine bleu turquoise. Époque Kien-lung.

227 — Petit vase à long col en ancien céladon de Chine bleu turquoise. Époque Kien-lung.

228 — Trois vases-pitongs en ancien céladon de Chine couleur vert de paon, décor en relief, de bambou, dont un ajouré à décor de chimère.

229 — Paire de petits vases à cols évasés en ancien céladon de Chine couleur vert de paon. Époque Khang-hy.

230 — Petit vase à long col en ancien céladon de Chine couleur vert de paon. Époque Khang-hy.

231 — Petit vase de forme ovoïde à bord évasé en ancien céladon de Chine vert queue de paon. Époque Khang-hy. Socle en bois de fer ajouré et sa boite.

232 — Petit vase forme tulipe et côtelé en ancienne porcelaine de Chine bleu turquoise soufflé. Époque Khang-hy.

233 — Petit vase à col à renflement en ancien céladon de Chine bleu turquoise. Époque Khang-hy.

234 — Petite bouteille et une tasse en ancien céladon gris craquelé de Chine.

235 — Petite bouteille à long col en ancien céladon de Chine bleu turquoise taché de noir. Époque Kien-lung.

236 — Paire de petites chimères en ancien céladon de Chine, décoré aux trois couleurs. Époque Khang-hy.

237 — Paire de petites chimères sur socles rectangulaires en ancienne porcelaine blanche de Chine. Époque Khang-hy.

238 — Chimère sur socle rectangulaire en ancienne porcelaine blanche de Chine. Époque Khang-hy.

239 — Deux pyramides de fruits sur un plateau en ancien céladon de Chine émaillé aux trois couleurs. Époque Khang-hy.

240 — Vase drapé sur fleurs de lotus en ancien grés de Chine, émaillé jaune et vert. Époque Khang-hy.

241 — Encrier formé d'une figure couchée de Li-Toï-pie, poète de la dynastie des Changs, tenant un vase, en ancien céladon de Chine aux trois couleurs. Époque Khang-hy.

242 — Autre encrier semblable au précédent.

243 — Statuette de divinité Kouanin en ancien biscuit émaillé en couleurs, robe verte et jaune. Époque Yung-tching.

244 — Paire de chiens de Fô sur socle rectangulaire en ancienne porcelaine émaillée en couleurs. Époque Kien-lung.

245 — Six coupes à eau formées de fruit et feuille de nelumbos dont une avec canard, en ancien céladon de Chine aux trois couleurs. Époque Khang-hy.

246 — Paire de coupes à eau formée d'une feuille de nelumbos avec fruit en porcelaine émaillée bleue et vert. Époque Kien-lung.

247 — Importante statuette de Bouddha en ancien céladon de Chine en partie émaillée aux trois couleurs. Socle en bois de fer sculpté avec plaque en céladon bleu turquoise. Époque Khang-hy.

248 — Pot ovoïde avec couvercle en ancienne porcelaine de Chine décorée en émaux de couleurs sur fond jaune de fleurs, fruits et insectes. Époque Kien-lung.

249 — Pot ovoïde en ancienne porcelaine de Chine décorée en émaux de couleurs de la famille rose : phénix et pivoines. Époque Kien-lung.

250 — Pot à gingembre de forme ovoïde en ancienne porcelaine de Chine décorée de rinceaux de feuillages sur fond jaune et de quatre réserves rondes à fond blanc. Époque Kien-lung.

251 — Pot cylindrique et côtelé en ancienne porcelaine de Chine bleu lavande. Époque Yung-tching.

252 — Paire de jardinières de forme pentagonale en ancienne porcelaine de Chine, décorée de réserve de fleurs en émaux de couleurs sur fonds de différentes couleurs. Époque Kien-lung.

253 — Paire de compotiers ronds et une petite potiche forme balustre en ancienne porcelaine de Chine bleu fouetté, décorée de fleurs en dorure. Époque Khang-hy.

254 — Pot de forme ovoïde en ancienne porcelaine de Chine, décorée en émaux de couleurs et blancs, de fleurs de pivoines, feuillages lambrequins et rinceaux. Époque Kien-lung.

255 — Paire de vases à quatre faces en ancienne porcelaine de Chine à anses têtes d'éléphants et anneau, décor de chimères et branchages de pêchers fleuris en bleu et rouge de cuivre. Époque Kien-lung.

256 — Pot ovoïde en ancienne porcelaine de Chine décorée en émaux de couleurs de la famille rose de chimères et fleurs. Époque Kien-lung. (Peut faire pendant au précédent).

257 — Pot à gingembre de forme sphérique avec couvercle en ancienne porcelaine de Chine, décorée de fleurs en émaux de couleurs sur fond gros bleu. Époque Kien-lung.

258 — Paire de magots en ancienne porcelaine de Chine décorée en couleurs, jaune, rouge et vert. Époque Ming.

259 — Autre paire de magots semblables aux précédents, plus petits. Époque Ming.

260 — Paire de magots en ancienne porcelaine de Chine décorée en émaux de couleurs. Époque Khang-hy.

261 — Très petite potiche et un drageoir à compartiments en ancienne porcelaine de Chine décorée de fleurs et chimère en couleurs. Époque Ming.

262 — Petit vase forme balustre à col évasé en ancienne porcelaine de Chine décorée en réserve sur fond bleu de branches de pêchers en fleurs légèrement en relief. Époque Khang-hy.

263 — Paire de vases-cornets à renflements médians en ancienne porcelaine de Chine décorée de paysages avec palmes, arbustes, fleurs, rochers et personnages. Époque Ming.

264 — Autre paire de vases cornets de forme et décors analogues aux précédents. Époque Ming.

265 — Beau vase-cornet forme balustre en ancienne porcelaine de Chine, richement décorée en émaux de couleurs de fleurs et nœuds de ruban sur fond rose, lambrequin à l'épaulement et au col fond jaune et base à palmes fond vert d'eau. Époque Kien-lung.

266 — Vase Han à grosse panse en terre vernissée de Chine, décoré d'une frise de cavaliers en relief.

267 — Vase Han à renflement médian en terre émaillée de Chine, à reflets, décor en relief, anses et lambrequins.

TERRES CUITES, MATIÈRE DURE
ÉMAUX
DE LA CHINE
AQUARELLES JAPONAISES

268 — Statuette de Mongol en terre cuite.

269 — Deux vases Han de forme cylindrique et à champignon à trépied, le dessus en partie couvert, avec petit orifice.

270 — Flacon à tabac en cristal de roche, à anses gravées en relief.

271 — Six flacons à tabac en agate arborisée, dont trois avec bouchons. (Seront divisés.)

272 — Plat creux et rond en ancien émail de Canton, décoré en couleurs, au centre, d'un groupe de chasseurs, dont l'un vient de frapper un canard d'une flèche; bordure fond jaune chargée de fleurs. Époque Yung-tching.

273 — Album d'eaux-fortes sur papier de riz, par BIGOT : types japonais.

274 — Lot de vingt-deux aquarelles japonaises sur papier et soie.

275 — Album japonais de trente-sept aquarelles sur soie : Paysages animés de nombreuses figures, reliure en soie marron tissée de métal.

276 — Album renfermant environ cinquante dessins chinois en couleur, sur papier de riz.

TAPISSERIES ANCIENNES

277 — Tapisserie rectangulaire flamande, représentant la Saignée du cochon. XVIe siècle.

Haut., 1 m. 40 cent.; larg., 1 m. 92 cent.

278 — Tapisserie flamande : verdure, avec grands arbres, château, pièce d'eau, et fleurs au premier plan. Fond de montagnes. Belle bordure d'encadrement, à cartouches, mascarons, oiseaux et chutes de fleurs et fruits. XVIIe siècle.

Haut., 3 m. 10 cent.; larg., 3 m. 10 cent.

279 — Grande tapisserie rectangulaire flamande de la même série de la précédente : verdure, cours d'eau et fleurs. Bordures semblables avec légères variantes à la partie inférieure. XVIIe siècle.

Haut., 2 m. 80 cent.; larg., 4 m. 45 cent.

280 — Fragment de tapisserie flamande, de la même série : verdure, bordures sur trois côtés. XVIIe siècle.

Haut., 3 m. 45 cent.; larg., 1 m. 60 cent.

www.ingramcontent.com/pod-product-compliance
Ingram Content Group UK Ltd.
Pitfield, Milton Keynes, MK11 3LW, UK
UKHW021114290826
14628UKWH00014B/2195

9 782329 488264